LE

MONT-CENIS

OU

DESCRIPTION HISTORIQUE

DE CE PASSAGE DES ALPES DEPUIS LANS-LE-BOURG
JUSQU'A SUZE,

PAR

M. de Grandmaison-y-Bruno.

DEUXIÈME ÉDITION.

PARIS,
AU PAVILLON LITTÉRAIRE,
RUE DU FAUBOURG-DU-ROULE, 24.

1840

LE MONT-CENIS,

ou

DESCRIPTION HISTORIQUE

DE CE PASSAGE DES ALPES DEPUIS LANS-LE-BOURG
JUSQU'A SUZE.

A M. CH. DE SURVILLE,
ancien receveur-général à Nimes.

Turin, le   1839.

Durant mon séjour à Nimes, Félix, votre excellent frère, m'avait déjà préparé, mon cher ami, par la relation de ses voyages, aux grandes émotions dont l'âme est saisie à l'aspect de ces montagnes qui portent dans les nues leur front hérissé de glaces éternelles. Souvent il vous a peint ces limites formidables derrière lesquelles s'étend l'heureuse Italie, sous un ciel plus serein, dans un climat plus doux; souvent il vous a redit les mœurs et les usages des peuples divers qu'il a visités; et la tendresse fraternelle ajoutait de nouveaux charmes aux charmes de sa parole.

Oserai-je à mon tour prendre le pinceau? Mon

En sortant de Lans-le-Bourg, on franchit sur un pont de bois le torrent Arcq; là commencent ces rampes admirables qui, creusées dans les flancs du Cenis, vous conduisent, après de longs détours, à travers les frimas et les précipices, jusqu'à la Ramasse. C'était de ce point élevé que, naguère, durant la saison rigoureuse, les voyageurs se confiaient à un frêle traîneau; un Savoyard le guidait seul à l'aide de ses pieds; la flèche n'est pas plus rapide : quelques minutes suffisaient à cette course aérienne; nos compatriotes et surtout nos voisins d'outre-mer trouvaient tant de charmes dans cette descente précipitée, qu'ils gravissaient de nouveau la montagne avec des fatigues inouïes, pour se donner encore un plaisir que devaient troubler sans doute l'horrible profondeur des ravins et l'aspect effrayant des rochers : voilà ce qu'on appelait se faire *ramasser*. Quand le *cicerone* qui nous accompagnait me raconta ce qu'il savait des anciennes prouesses des Français et des Anglais, je me rappelai qu'au temps de notre jeunesse, lorsque nous suivions ensemble à Paris le cours de nos études, c'était pour nous une friandise d'aller à Beaujon ou à Tivoli; je vois encore ces petits chars où, tous deux assis, nous roulions du haut d'une montagne factice avec la rapidité de la pierre qui retombe sur le sol; avez-vous perdu le souvenir de ces paniers dans lesquels on entassait pêle-mêle, pour les reconduire au point de départ à l'aide d'un câble et d'une poulie, les étudiants et les rentiers, les dragons et les enfants, les merveilleux de la Chaussée-d'Antin et les habitants paisibles de la rue Mouffetard?

C'est à la Ramasse que souffle avec plus de violence la *Lombarde*, qui accourt du côté du Piémont, tandis qu'à la Grand'Croix, de l'autre côté de l'hospice, la *Vanoise*, venant dans la direction de la Savoie, se fait sentir avec une impétuosité extraordinaire. Quand, dans cette vaste plaine, ces deux terribles rivaux et les vents du Petit-Mont-Cenis s'entrechoquent, on voit s'élever la tourmente; la neige remonte dans les airs en tourbillon; et malheur à celui qui oserait poursuivre sa route au milieu de ce bouleversement de la nature!

Quelquefois le soleil dore au loin les montagnes, et le voyageur, confiant dans la sérénité des cieux, dédaigne de remonter dans la voiture qui l'a conduit jusqu'au pied des Alpes; mais tout-à-coup les aquilons se déchaînent, les nuages s'amoncellent, et la neige tombe à gros flocons; soudain se présente un asile contre la tempête: des maisons de refuge sont placées de distance en distance dans les endroits les plus dangereux ; elles servent en même temps de demeure aux cantonniers qui, d'un bout à l'autre de l'année, s'occupent à réparer la route ou à la déblayer ; ils sont là aussi pour veiller à la sécurité des passants ; ils accourent aux premiers cris de détresse ; tels, images de la Providence, des matelots au cœur généreux interrogeant sur les bords d'une mer en furie les vagues qui viennent se briser à leurs pieds, s'élancent à la rencontre des malheureux naufragés.

De cent pas en cent pas, de hautes balises en bois indiquent aussi la direction de la route, lorsqu'elle a disparu sous des montagnes de neige ; ce sont encore des signes d'espérance et de salut qu'en des temps reculés la charité chrétienne éleva sur ces hauteurs.

Après la Ramasse, le premier hameau est celui des Tavernettes ; en ce lieu se trouve le relai de la poste aux chevaux. Son nom primitif, *Taverna*, révèle que dans des temps déjà bien loin de nous, le voyageur trouvait au besoin des hôtelleries dans ces contrées, et que leurs habitants faisaient un usage journalier de la langue latine.

Sur le plateau du Grand-Mont-Cenis on découvre cet hospice fameux dont le nom a retenti dans tout l'univers ; une nuit profonde cache à la postérité son fondateur et l'époque précise à laquelle il fut bâti ; les uns le font remonter à l'année 774, et l'attribuent à la munificence de Charlemagne, tandis que d'autres en renvoient la gloire à la princesse Adélaïde, qui depuis en fit don à l'abbaye de la Novalèse ; quelques auteurs même prétendent que cet édifice fut élevé par Louis-le-Bon ; toujours est-il incontestable que la religion inspira cette pensée sublime, et que, dans la suite des âges, un grand nombre de princes et de rois tinrent à honneur d'inscrire leurs noms parmi les bienfaiteurs de cette maison, destinée à recueillir les pauvres et les étrangers que la tempête ou l'aspérité du climat arrêtent au milieu de leur course.

Depuis deux ou trois ans tout au plus cette maison a cessé d'être sous la direction des religieux de l'ordre de Saint-Benoît : ils ont été remplacés par un prieur et un sous-prieur qui remplissent leur mission sublime avec le même dévouement que leurs prédécesseurs.

Au moment de mon passage, je n'ai trouvé que M. Molin, sous-prieur du monastère ; mais l'entraînement de son langage et sa noble hospitalité me firent oublier les anciens hôtes que j'espérais rencontrer au sommet des Alpes ; il a bien voulu me servir lui-même de *cicerone* ; en échange du mien, il a daigné tracer son nom sur mes tablettes, et ce gracieux souvenir ne s'effacera jamais de mon cœur

Sous ces vastes portiques, au milieu de ces salles majestueuses, dans ces longs corridors, une voix des temps héroïques semble redire les exploits du vainqueur des Lombards, la piété d'Adélaïde, le martyre volontaire des enfants de saint Benoît; et la pensée, s'élançant au-delà des montagnes et des mers, va encore sous un ciel lointain interroger la tombe silencieuse de Sainte-Hélène.

Napoléon consacra à l'agrandissement de l'hospice et à la construction des casernes d'infanterie et de cavalerie un million deux cent dix mille francs; et les dépenses des maisons de refuge et des balises que l'on renouvelle, pour ainsi dire partout, furent de cent soixante-dix mille francs, tandis que celles de la route du Mont-Cenis, depuis le pont de Lans-le-Bourg jusqu'à Suze, commencées en 1803, et presque achevées vers la fin de 1813, s'élevèrent à six millions quatre-vingt mille francs; dans cette somme furent généralement compris les ponts, les murs de soutennement, les parapets, les galeries, les indemnités de terrain, etc., etc. Ainsi, une période de dix ans suffit pour l'accomplissement d'un projet qui, dans les jours les plus prospères de Rome, eût épouvanté les maîtres du monde.

On est fier, mon cher ami, du nom de Français quand, du haut des Alpes, on considère ces gigantesques travaux ; la gloire française en conçut un jour la pensée, et bientôt le génie militaire de notre patrie l'exécuta.

Les casernes d'infanterie et de cavalerie touchent à l'hospice et à l'église ; elles peuvent donner asile à 2,212 hommes et 300 chevaux ; ces immenses bâtiments ont leurs communications internes pour mettre ceux qui les habitent à l'abri de la fureur des vents. C'est là que les voyageurs soumettent leurs passeports à l'inspection et au visa des carabiniers royaux ; près d'eux j'ai retrouvé cette politesse française et ces petits égards qui font que l'on s'éloigne à regret.

Naguère l'église du Mont-Cenis n'était en quelque sorte qu'une chapelle monastique dédiée à la vierge Marie, sous le titre de l'Assomption ; les largesses impériales lui donnèrent un grand accroissement ; à cette heure elle forme une belle croix latine dont la façade est d'une architecture en harmonie avec la majestueuse gravité des montagnes.

Une longue galerie couverte qui règne au premier étage, vous conduit à une petite chapelle dite de Saint-Eldrat Bénédictin; l'office s'y fait pendant l'hiver, et pour l'échauffer on y brûle de la tourbe. Un peu plus loin, une porte s'ouvre sur une tribune, et de là les regards du voyageur se fixent tour-à-tour sur des tableaux de prix et l'autel principal entièrement en marbre, ainsi que la table de communion qui sépare le chœur du sanctuaire.

Le tableau du maître-autel représente la mère de J.-C. élevée dans les cieux par les anges, et à sa gauche un moine bénédictin; autrefois on voyait à droite saint Napoléon, mais depuis quelques années le pinceau l'a métamorphosé en saint Jean-Baptiste.

On trouve encore là une Sainte Famille d'une admirable exécution. A mesure, mon cher ami, que j'avance sous ce beau ciel qui vit éclore tant de chefs-d'œuvre, je remarque qu'à chaque pas ce groupe sacré se présente aux regards des hommes. O la grande pensée des maîtres de la peinture! ô merveilles de la piété filiale et de la tendresse maternelle! Ce touchant tableau fait couler de bien délicieuses larmes; et celui qui le fixe sans songer à sa mère, sans reporter sa pensée aux jours de sa première enfance, n'a de l'homme que le nom dont il n'est pas digne.

Bonaparte fit présent à la sacristie d'un magnifique calice en vermeil, que les custodes offrent encore à votre admiration ; Pie VII en donna également un d'une beauté éclatante ; mais en quittant le Mont-Cenis les bénédictins auxquels il appartenait l'emportèrent au couvent de la Novalèse, qui se trouve de l'autre côté des monts, dans la direction de Suze.

Je me rappelle en ce moment l'époque précise à laquelle ces religieux cédèrent l'administration de l'hospice au prieur actuel : ce fut le 27 décembre 1837 ; et comme depuis les anciens statuts pour l'admission des voyageurs ont reçu d'importantes modifications, vous lirez avec intérêt le nouveau règlement qui se trouve dans l'une des salles du monastère.

Alexis BILLET, par la miséricorde divine, etc., évêque de Saint-Jean-de-Maurienne.

Art. 1er. L'hospice du Mont-Cenis étant un établissement de charité institué pour les pauvres seulement, et non en faveur des personnes qui, à raison de leur fortune, peuvent recevoir l'hospitalité dans les auberges établies sur la route, il est expressément ordonné à M. le prieur, chargé de cette administration, de ne recevoir et loger que ceux qui se présentent en qualité d'indigents.

Art. 2. Il est défendu à ceux qui seront dans le

cas d'y recevoir l'hospitalité d'y séjourner plus de 24 heures, à moins qu'ils ne soient malades ou que la quantité de neige et la continuation du mauvais temps ne rendent leur départ impossible.

Art. 3. L'hospice n'étant établi qu'en faveur des pauvres passants, l'administrateur ne devra point perdre de vue cette fin primitive. Il ne devra donc jamais y inviter personne à y aller faire une partie de récréation quelconque.

Lorsqu'il sera dans le cas de recevoir des personnes qui auront des affaires avec la maison, il ne fera à cette occasion aucune dépense particulière, pour ne pas nuire aux intérêts des pauvres.

Donné à Saint-Jean-de-Maurienne, le 1er janvier 1839.

De l'église, M. Molin me conduisit, par le même corridor, à l'infirmerie, aux logements des voyageurs et aux appartements des princes de Sardaigne : à droite se trouvent ceux du roi; la reine a les siens à gauche; et avant d'entrer dans le vestibule qui les sépare, on est arrêté par une porte grillée, à deux battants, qui portent l'un et l'autre les chiffres de VICTOR-EMMANUEL et de MARIE-THÉRÈSE.

C'est dans la pièce du fond des appartements

de Charles-Albert que Chiaramonti, l'illustre Pie VII, passa quelques jours au mois de juin 1812. Durant cet intervalle on ferma le passage du Mont-Cenis, et la santé du successeur de saint Pierre fut tellement compromise, qu'il reçut les derniers sacrements des mains de monseigneur Bertassol, archevêque d'Édesse.

Le lit dans lequel coucha le souverain pontife subsiste encore. Il est en forme de baldaquin, terminé par une couronne dorée, et recouvert d'une moire verte, soyeuse et fort épaisse.

Lorsque Chiaramonti quitta la France et s'achemina de nouveau vers la ville aux sept collines, il retrouva la même hospitalité au Mont-Cenis, et les religieux de ce monastère, dans les transports de leur allégresse et de leur piété filiale, placèrent dans la chambre même de sa Sainteté un vaste tableau où l'on lit en lettres d'or, sur un fond noir, ces paroles mémorables qui annonçaient à l'église romaine, la reine et la mère des églises de la chrétienté, le retour de son auguste chef:

« Anno reparationis 1814, die 15 novembris
» exultârunt montes a conspectu Pii Septimi.

» Cujus memoria in benedictione: et hoc in
» eodem loco, non siccis præ consolatione oculis,
» religiosi Hujus abbatiæ Montis-Cineris, illum
» prostrati susceperunt. »

Cette chambre et celles qui la précèdent n'ont pas changé d'ameublements depuis 1814; seulement, aux tableaux qui l'ornaient alors, on a depuis joint les portraits de Pie VII, du duc de Bordeaux, de sa mère, de son aïeul et du prince de Carignan. On y remarque encore quelques vues de Rome prises sur les bords du Tibre; ces paysages, d'un crayon habile, se marient agréablement à l'horizon lointain que l'on découvre à travers de vastes fenêtres. On pouvait aussi, avant 1837, admirer un magnifique portrait de l'empereur; mais il a également suivi les bénédictins à la Novalèse (1).

(1) On y voyait également autrefois un tableau représentant le *Fils de l'empereur au berceau;* cette particularité et le nom du jeune prince prononcé par le sous-prieur de l'abbaye, me rappelèrent une idylle composée à l'époque de sa naissance par M. J. Noël, l'un des hommes les plus distingués que l'Université impériale ait comptés dans ses rangs. Depuis bien long-temps la mort l'a frappé, mais recommandable par ses talents, plus recommandable encore par ses vertus, il vivra toujours dans le souvenir de ses nombreux disciples dont il fut moins le maître que l'ami. Vous lirez avec plaisir cette idylle qui obtint l'un des prix décernés alors par l'Académie; la belle âme de l'auteur s'y peint d'une manière merveilleuse.

LA FRANCE AU ROI DE ROME.

Je t'ai donc vu naître,
O petit agneau,
Envoyé pour être
L'honneur du troupeau!
Les dieux te chérissent,
Déjà s'accomplissent
Les chants des devins
Sur tes beaux destins.
Le printemps s'avance:
Vers d'autres climats
La folle inconstance
Veut tourner ses pas;
Vaines tentatives!
Son trône est dressé,

De l'autre côté, les appartements de la reine ont les mêmes dimensions; ce qui les distingue, c'est un peu moins de richesse dans les ornements; le lit se drappe d'une mousseline blanche, et quel-

Et le dieu fixé
L'enchaîne à mes rives;
L'aquilon fougueux
S'enfuit hors d'haleine
Laissant dans la plaine
Son rival joyeux.
Zéphyre au train leste,
A vite annoncé
Qu'il a caressé
Un agneau céleste;
Zéphyre au retour,
De tout le bocage
T'apporte l'hommage
Et les chants d'amour.
Partout la tendresse,
Le plaisir, l'ivresse
Ont le même élan;
Partout on adresse
Des vœux au dieu Pan.
Viens, agneau sans tache,
Qu'à ton cou j'attache
Ce joli ruban.
Sa teinte pourprée,
Avec ta blancheur,
Forme la couleur
Aux dieux consacrés.
Tu le porteras
Et l'ennobliras
Dans l'âge prospère
Où près de ton père,
Tu t'élanceras,
Brillant de jeunesse,
Et te formeras
A le voir sans cesse
Guider mes brebis
Vers de gras pacages,
Trouver des abris
Contre les orages;
Voler au secours,
Défendre les jours
D'un troupeau qui l'aime,
Et forcer les loups,
Les léopards même,

A craindre ses coups.
Mais ton âge tendre
Ne peut pas prétendre
A ce grand effort;
Il faut bien attendre
Que tu sois plus fort.
Va dans la prairie,
Par amusement,
Sur l'herbe fleurie
Bondir mollement;
Suis fidèlement
Ta mère chérie,
Qui fait l'ornement
De la bergerie.
Cent fois je la vis,
Bonne autant que belle,
A d'autres petits
Prodiguer son zèle,
Juge pour le sien!
Ah! reste auprès d'elle
Tu ne craindras rien,
Et tu seras bien.
Mes yeux idolâtres,
Partout te suivront;
Et tes jeux folâtres
Me rajeuniront.
Un ciel sans nuages
Et de frais ombrages,
L'état florissant,
L'aspect ravissant
De mon beau domaine,
Où la paix ramène
Son cortège heureux,
Combleront mes vœux;
Et sous tes auspices
Au sein des délices,
Mon cœur chérira,
Ma voix bénira
Le jour qui vit naître
Le petit agneau,
Envoyé pour être
L'honneur du troupeau.

ques cadres dorés retracent les plus beaux édifices de Turin, de Naples et de Palerme.

Une grande propreté règne dans l'infirmerie et les cellules des hôtes, et le pied-à-terre de l'évêque de Saint-Jean-de-Maurienne n'est pas dépourvu d'élégance.

Pendant que je faisais une espèce d'inventaire dans cette demeure royale, le sous-prieur qui s'était éloigné quelques instants revint à moi et me dit fort agréablement : J'ose espérer, Monsieur, que vous ne serez pas plus fier que l'empereur Napoléon, et que vous ne dédaignerez pas de dîner dans le réfectoire même où il prit place, environné de ses plus illustres généraux.

Je m'inclinai respectueusement, et comme je voulais répondre, mon hôte s'imaginant (ce qui, du reste, était fort loin de ma pensée) que j'allais faire quelque objection, s'empressa de me dire : Vous avez lu les règlements que nous a donnés notre évêque, mais je ne pense pas qu'ils vous concernent; je me crois parfaitement en sûreté de conscience; en votre qualité d'auteur, vous avez des priviléges particuliers; plusieurs même de vos confrères ont souvent fait pis que de dîner à l'hôpital, et je ne vois pas pourquoi vous ne vous rendriez point à mon invitation; au demeurant, si, en quittant Rome, vous ne rentrez point dans votre patrie par la Méditerranée, et que vous repassiez à Saint-Jean-de-Maurienne, visitez, je vous prie, notre évêque, et je me fais fort de son indulgence.

Je fis une nouvelle inclination et j'entrai au réfectoire.

Quelle salle magnifique! et une table d'une immense longueur et non moins large! Dès les premiers pas, mille pensées se présentèrent à mon esprit; je ne voyais plus là ses anciens hôtes; mais, en considérant les places qu'ils avaient occupées il me semblait que les pages de l'histoire se déroulaient à mes yeux ; que je lisais leurs glorieuses conquêtes et tant de noms fameux dans les fastes des batailles.

A travers les nombreux portraits qui décorent cette partie du monastère, on remarque le prévôt du Grand-Saint-Bernard avec la croix pectorale, et le cordon de son ordre en sautoir; il se trouve près la porte d'entrée; un peu plus loin, on voit monseigneur Billet; d'un autre côté, l'archevêque actuel de Turin portant les insignes de Saint-Maurice, de Saint-Lazare et du Saint-Esprit; et à quelque distance le nouveau prieur du Mont-Cenis: il est en habit de protonotaire apostolique.

J'ai fait honneur, mon cher ami, vous n'en doutez pas, au festin monastique, et en appétit, parmi les convives, je n'avais pour rival qu'un brave Suisse dont j'ai fait la rencontre à Chambéry, et qui, je le crois, après avoir salué quelques parents à Turin, m'accompagnera jusqu'à Rome. Malgré les statuts, nous avons été traités plus qu'en pèlerins, et j'ai surtout été flatté, au moment du dessert, par la vue d'excellentes châtaignes, aussi fraîches dans cette saison avancée que celles qu'on apporte, au grand marché de Culan, des forêts de Sidiailles, de Saint-Désiré ou de Courçais. On m'a dit que j'éprouverais la même surprise sur les monts de Toscane ; c'est possible, mais je doute que les châtaignes du Grand-Duc aient un goût plus exquis et me soient offertes de meilleure grâce.

Le vin que l'on tire des environs de Suze est d'une qualité parfaite ; le lait surpasse celui de la vache Io, et les traits du chasseur et les ondes voisines paient dans ces contrées un large tribut. Les Alpes abondent en grives, faisans, perdrix de diverses espèces, etc., etc., et le lac immense qui s'étend en face de l'hospice fournit de bon poisson, entre autres des truites d'une chair rougeâtre, *salmo trotta*, dont les plus grosses pèsent de 14 à 16 livres. Cet amas d'eau a dans sa longueur 2,000 mètres, et 1,000 dans sa largeur : il dépendait autrefois du marquisat de Lans-le-Bourg ;

mais la générosité du roi l'a depuis quelques années affecté à la nouvelle administration, ainsi que les prairies des environs. Malgré les bornes étroites de la belle saison, qui compte tout au plus trois mois de durée, ce plateau produit les plus excellents fourrages. Le lac est d'une profondeur inégale qu'il a toujours été impossible de reconnaître, même par approximation. A son extrémité nord-ouest on découvre une île délicieuse dont la surface est de 140 mètres sur 60; il n'y a pas longtemps encore qu'elle était fréquentée par des canards sauvages, *anas boschas*, durant les mois de juin, juillet et août. Au sud-ouest du grand lac, en venant dans la direction de Suze aux Tavernettes, on en voit un plus petit également très poissonneux. Il est alimenté par de petits ruisseaux et des sources souterraines; et, sous le nom de *Fons Varciniscus*, il forme la source de la Cenise, qui coule de l'autre côté des monts, et après s'être grossi dans son cours par la fonte des neiges et l'abondance des pluies, a son confluent avec la Doire-Ripaire, à sept cents mètres de Suze.

M. Molin a daigné répondre à mes questions incessantes avec une bienveillance que je n'oublierai jamais; il me dit que les grandes catastrophes étaient fort rares, grâces au zèle généreux des cantonniers et aux sacrifices de Charles-Albert.

Il y a trois ans environ, la diligence disparut tout-à-coup sous une avalanche; elle éprouva de grandes avaries, mais le dévouement héroïque et l'activité des travailleurs sauvèrent la vie aux malheureux qu'elle renfermait. Un peu plus tard, des carabiniers royaux furent emportés par l'impétuosité des vents : ils s'égarèrent à quelque distance de la route, et ce ne fut qu'après de grandes alarmes parmi les habitants de ce plateau que l'on parvint jusqu'à eux. L'œil de la Providence veille sans cesse sur le sommet des Alpes pour le salut des hommes; depuis plusieurs années la mort n'a point eu de victimes dans ce long défilé; cependant, par intervalles, et surtout au cœur de l'hiver, on voit les cantonniers transporter à l'hôpital des hommes transis de froid et privés de connaissance.

Le monastère est le lieu d'étape pour les officiers de l'armée royale; ils saluent avec joie cet asile de la bienfaisance; ils ne s'en éloignent qu'à regret, et je comprends leur douleur.

J'avais le cœur serré en quittant le bon sous-prieur du Mont-Cenis. Plusieurs fois il m'invita à le visiter de nouveau; plusieurs fois, au moment de nos adieux, il me tendit la main en signe d'amitié; et quand je lui dis qu'il m'était impossible de prolonger mon séjour, il me donna d'excellentes recommandations pour le docteur Ponsero. Ce savant personnage représente le magistrat du protomédicat de la ville de Suze et de la province; il réunit dans un cours de philosophie l'élite de la jeunesse piémontaise, et son nom est honorablement inscrit dans les fastes de toutes les sociétés scientifiques du royaume.

Avant d'arriver de l'abbaye à la Grand'-Croix, on traverse sur un pont de bois le petit torrent de la Ronche qui, non loin de là, verse dans la Cenise le tribut de ses eaux. Au hameau de la Grand'-Croix, élevé au-dessus du niveau de la mer de 1,893 mètres 30 centimètres, se termine la plaine du Mont-Cenis, dominée des deux côtés par deux montagnes, séjour perpétuel des hivers.

Là, les tableaux ne sont plus les mêmes; les plantes et les fleurs, qui varient à l'infini dans ces climats, s'offrent tout-à-coup sous des couleurs nouvelles et avec une vigueur qu'entretient un ciel qui commence à s'adoucir; l'œil plongeant au loin au-dessus des abîmes que la nature a creusés du côté de Suze, commence à découvrir d'immenses forêts dont les arbres séculaires paraissent avoir ombragé la marche triomphale des armées romaines.

Les naturalistes pensent que dans les anciens âges, des bois de haute futaie s'élevaient sur le plateau du Mont-Cenis et qu'ils furent dévorés par les flammes ; le nom que les Alpes portent en cet endroit semble l'indiquer. *Mons Cinerum, mons Cinesius, Cinensis ou Cinius.* On voit encore à la gauche du lac une petite forêt de bouleaux ; en 1787, il y avait çà et là quelques mélèses, et on trouva des souches de ces arbres au milieu des travaux nécessaires pour jeter les fondements du pont de la Rouche. L'incendie, peut-être, ne fut point alors général, mais ce qui échappa à ses ravages tomba sans doute plus tard sous les coups des habitants de la contrée.

Après avoir dépassé la plaine de Saint-Nicolas, on remarque une grande galerie en maçonnerie qui portait le nom de route couverte, longue de 140 mètres, dans une largeur de 4 mètres 80 centimètres ; on l'avait construite pour protéger les voyageurs contre la fureur des vents et la coulée des neiges ; elle a presque entièrement disparu sous les déblais de la nouvelle route que, d'abord, on avait voulu ouvrir à travers un rocher à pic d'une hauteur effrayante ; mais, après des travaux inouïs et des dépenses excessives, ce projet gigantesque fut abandonné à cause des avalanches et des pierres monstrueuses qui se détachaient sans cesse du sommet de la montagne.

En ce lieu, les cascades de la Cenise qui, *mor-*

morando scende chiaro giù di pietra in pietra, un pont de marbre blanc d'une grande magnificence, et les rampes qui s'élèvent majestueusement en amphithéâtre jusqu'à la Grand'Croix, offrent aux regards de l'observateur un merveilleux contraste des œuvres de la nature et des efforts du génie de l'homme. — Non loin s'enfoncent dans les entrailles de la terre de riches et vastes carrières de marbre blanc et noir, et de granit dont le grain est d'une finesse plus ou moins grande.

C'est au bas des rampes que sont marquées les limites qui séparent le Piémont du duché de Savoie.

En descendant et avant le hameau de Bard, on découvre La Ferrière, autrefois *Pagus humilis*; ce bourg a pris cette apellation plus moderne, à cause du genre d'industrie de ses habitants. A dos de mulets ou sur des chaises à porteur, ainsi que les villageois de la Novalèse et de Lans-le-Bourg, ils conduisaient les voyageurs d'un côté à l'autre du Mont-Cenis, avec un courage et une force extraordinaires. Depuis, les travaux de la route nouvelle et l'usage des traîneaux au plus fort de l'hiver, ce mode de transport a cessé; Lans-le-Bourg seul n'a rien perdu : un passage royal, le débit des auberges, le transit des marchandises et les mulets de renfort l'ont même rendu plus florissant, tandis que la Novalèse et La Ferrière n'ont conservé que leur nom historique.

La Novalèse, *Ocelum*, du temps des Romains, et dont César parle au chapitre sixième du livre premier de la guerre des Gaules, devint *Novalicium, nouvelle loi, nouvelle lumière*, au moment où elle embrassa le christianisme ; c'est une assertion que justifie le sanctoral du monastère, où se trouvent ces mots : *ex antiquo vocabulo vocatum novalicium, ex quo novæ lucis primordia et sanctitatis exordia, ibi exorta noscuntur esse et fundata*. Il est vrai, et vous l'avez vu dans les annales de la chrétienté, que dès le deuxième siècle de notre ère, mille noms fameux retentissaient déjà dans cette retraite : les solitaires priaient aux pieds des autels, secouraient les pauvres et consacraient leurs veilles à la transcription ou à la correction des manuscrits. Ainsi, intermédiaires puissants entre les cieux et la terre, ils étaient encore les précurseurs de ces flots de lumière qui, plus tard, du fond de l'Italie, se répandirent sur la face du monde.

Cette abbaye, en l'année 839, vit accroître ses domaines par la cession que lui firent les marquis de Suze du village de Venans. Les étymologistes font venir son nom de *venatio*. En effet, les environs abondent en gibier de toute espèce, et il était en même temps une vénerie des maîtres de la province. Les sites de cette vallée sont riants et pittoresques, ses guérets assez fertiles, mais souvent les espérances du laboureur sont détruites par les ravages du torrent.

Que de merveilles, mon cher Charles, on rencontre à chaque pas! mais je suis forcé de les passer sous silence. Cet écrit est déjà bien long.

Cependant, je ne saurais ne point vous dire un mot des ruines du fort de Sainte-Marie, qui était le plus ancien et le plus rapproché de la capitale du marquisat de Suze; tout aussi bien que du fameux fort de la Brunette qui, dans les premières années du dernier siècle, s'éleva sous le règne de Victor-Amédée II. Dans son Histoire d'Italie, en parlant de cette citadelle, l'illustre Botta s'exprime en ces termes : *Opera veramente maravigliosa, e forse unica al mondo, e degna di Roma antica.*

Les murailles de la Brunette étaient taillées dans le roc; des magasins immenses enserraient des vivres pour plusieurs années. Un puits vaste et profond, placé au centre du système de défense, fournissait en toutes saisons une onde aussi limpide qu'abondante : ce boulevard de l'Italie passait pour inexpugnable ; sa solidité semblait être le présage qu'il ne s'écoulerait qu'avec le monde ; mais, ô instabilité des choses humaines ! cent années ne s'étaient pas encore écoulées, que déjà cette forteresse superbe n'offrait plus aux regards qu'une montagne de ruines ; elle fut rasée en 1796, à la suite du traité de Chérasco.

Ainsi tombent sans retour les monuments de la puissance et de l'orgueil des nations ; ainsi avec les peuples et les rois disparaissent les empires eux-mêmes : la vérité seule demeure immuable, et près d'elle viennent se grouper le souvenir des actions généreuses et l'amitié des mortels vertueux.

Nous voilà, mon cher ami, au pont de Saint-Roch ; nous franchissons la Doire-Ripaire, et nous entrons dans Suze.

Dans cette ville, le docteur Ponsero, puissent les accents de ma gratitude arriver jusqu'à lui ! m'a honoré de l'accueil le plus flatteur. Nous étions à peine ensemble depuis quelques instants qu'il me dit avec grâce : Il me serait impossible, monsieur, de mieux répondre aux intentions de mes amis de la montagne, qu'en vous conduisant avant déjeuner à l'arc de triomphe qui fut, il y a dix-neuf siècles, élevé en l'honneur d'Auguste par Marcus Julius Cottius ; cet illustre Romain donna son nom aux Alpes Cottiennes, qui sont opposées aux Alpes Graïes ou Grecques.

Huit ans avant l'ère chrétienne, Auguste s'avança vers les Gaules à la tête de ses phalanges ; il passa donc sous cette voûte triomphale pour suivre la route qui conduisait au Mont-Genèvre. A l'aspect de ce monument et de ses proportions aussi élégantes que majestueuses, on est saisi d'une admiration profonde et d'un étonnement prodigieux, qu'augmente encore la mémoire de ce prince qui, après avoir renversé ses rivaux et donné la paix au monde, eut la gloire de fermer le temple de Janus.

Le temps, qui détruit tout, a respecté sur cette façade colossale les sculptures du sacrifice appelé *Suovetaurilia*, dans lequel on immolait une truie, une brebis et un taureau. A travers ces emblèmes, les antiquaires avaient retrouvé les traces du traité conclu entre Donnus et les Romains ; en effet, du côté occidental de l'édifice, on reconnaît parfaitement un congrès dans lequel on détermine les conditions et les articles de cette alliance. Sur l'entablement est gravée en quatre lignes bien conservées l'inscription suivante :

IMP. CÆSARI AVGVSTO, DIVI F. PONTIFICI

MAXVMO, TRIBVNIC POTESTATE XV, IMP. XIII
M. IVLIVS REGIS DONNI F. COTTIVS PRÆFECTVS
CEIVITATIVM QVÆ SVBSCRIPTÆ SVNT.

SEGOVIORVM, SEGNVISORVM,
BELLACORVM, CATURIGVM, MEDVLLORVM,
TEBAVIORVM, ADANATIVM, SAVINCATIVM,
EGIDIONORVM, VEAMINIORVM.

VENICAMORVM, IMPERIORVM, VESVBIANORVM,
QVADIATIVM ET CEITVITATES QVÆ SVB EO
PRÆFECTO FVERVNT.

Il est impossible d'exprimer plus brièvement, et en termes plus nobles, toute la majesté qui brillait dans la personne d'Auguste, et les peuples innombrables dont il tenait les destinées dans les mains.

On lui donne le titre d'*empereur*, parce qu'il commande aux armées romaines; le nom de *César*, comme à l'héritier de Jules, et le surnom d'*Auguste*, le plus glorieux et le plus grand qu'il fût permis au sénat de décerner; *Souverain-pontife*, il exerce la puissance suprême dans les cérémonies sacrées; quinze fois tribun pour défendre les droits du peuple, il fut treize fois aussi nommé *imperator*, à la suite d'un nombre égal de victoires. *Cottius*, vous le savez, désignait la famille qui nomma les *Alpes Cottiennes* : *Marc-Jules* avait pour père *Donnus* dont Ovide a dit :

Proles alti fortissima Domini.

L'appellation de *ceivitates* renferme tous les peuples qui contribuèrent à l'érection de l'arc de triomphe.

Segoviorvm : ceux qui habitaient diverses vallées d'Oulx, non loin des lieux où la Doire-Ripaire prend sa source.

Segusinorvm : ce territoire s'étendait depuis Suze jusqu'à l'entrée de la plaine de Turin.

Bellacorvm : Beaulard subsiste encore, et rien n'est plus clair que son étymologie.

Catorigvm : C'était la province d'Embrun.

Medvllorvm : ces peuples étaient répandus dans la Maurienne.

Tebaviorvm : les Tébaves, en-deçà de Barcelonnette, sur les rives de l'Ubaïe, torrent qui tire son nom de ces anciennes peuplades.

Adanativm : les Adanats occupaient le territoire de Seine, au nord de la Provence.

Savincativm : les Savincats habitaient les Jouvenceaux, au midi d'Oulx.

Egidniorvm : les Égidniens se trouvaient sur les bords du Tinéa, au-dessus de Nice.

Veaminiorvm : cette peuplade errait sur la droite du torrent Verdoa, et le nom moderne de Verdoa atteste encore aujourd'hui son origine.

Venicamorvm : par là était désigné le comté de Briançon.

Imperiorvm : la vallée de Pérouse.

Vesvbianorvm : ainsi se nommaient ceux qui, près de Nice, se désaltéraient dans le torrent de Vésubia. Vésubia s'est conservé jusqu'à nos jours.

Qradutivm : c'était le pays de Queiras.

Le docteur Ponsero me fit admirer toute l'expression et l'étendue de l'idée finale *fvervnt*. Celui, me dit-il avec un sens exquis, celui qui grava cette inscription, s'élançant sur les ailes de la pensée dans la suite des âges les plus lointains, voulut dire comme nous, avec l'accent de l'enthousiame et de l'admiration :

Cet arc a été érigé par Cottius et par les peuples qui furent sous sa préfecture.

Je m'arrête, mon cher ami, je m'arrête à regret aux pieds de cette merveille antique, témoin irrécusable de la splendeur et de la magnificence des Romains; je voudrais, mais il est trop tard, vous parler maintenant de la ville de Suze, de ses églises, de ses places, de ses savantes institutions, de son dévouement à ses princes, de ses écoles et de ses riches antiquités surtout; chaque jour, on découvre dans son enceinte et ses environs des restes précieux qui attestent la vieille gloire de cette cité.

En 1822, entre autres, on trouva à la profondeur de huit à neuf pieds une amphore de terre d'une belle forme et semblable aux vases qu'on a découverts à Pompeï : je l'ai vue, je l'ai admirée ! Là encore dans mon imagination s'est éveillée une pensée chère et agréable; je me rappelais avoir rencontré au musée de Chezal-Bénoît une amphore dans le même style à peu près; on l'avait trouvée dans les fouilles d'une ancienne maison de Lignières; c'est dans ce collége, je vous l'ai dit, que mes deux fils, Emmanuel et Félix, poursuivent le cours de leurs études. Aux émotions paternelles, se joignait le souvenir de ceux de mes amis qui, dans cette excellente maison, consacrent leurs veilles et leurs talents à l'éducation de la jeunesse du Berri et des provinces voisines.

Je voudrais vous parler encore de mon hôte savant et vénérable, mais, je le répète, je m'arrête à regret.

Cependant, je ne vous ferai point mes adieux sans vous dire un mot des révérents pères capucins de Suze; les couvents de leur ordre, voilà mes étapes. Sur cet article, je ne bronche pas plus qu'un grenadier de la vieille garde.

J'ai trouvé près d'eux, de même qu'à Chambéry, noble simplicité monastique, conversation spirituelle, charité, enjouement; et, de la part de ceux qui les environnent, attachement, prévenances et respect inviolable; il en est de même dans toute l'Italie.

N'allez pas, mon cher Charles, me prendre pour un affamé de tous les instants, lorsque je vous dirai que de même qu'au Mont-Cenis, j'ai fait un tour au réfectoire. Je ne parle de cette séance gastronomique que pour vous communiquer une énigme que les Saumaises futurs auront bien du mal à débrouiller dans la suite des siècles, si notre correspondance va frapper les regards de la postérité.

Quand je me suis mis à table, un frère convers, en disposant tout ce qui était nécessaire pour le repas, plaça près de moi deux fourchettes dont je n'ai jamais pu deviner la destination : rien absolument n'est survenu pour les graisser non plus que le couteau, et en sortant je les ai laissées aussi nettes que je les avais trouvées au moment du *benedicite*.

Adieu, mon ami : quand je retournerai au pied de vos arènes, près de ce temple antique connu sous le nom de *la Maison carrée*, non loin de votre belle fontaine et à l'ombre de la Tour-Magne, je ferai de nouveau un appel à votre indulgence ; vous me pardonnerez, je l'espère, mes joyeusetés et mes digressions. Jusque là dites à Félix que je n'oublierai jamais notre rencontre miraculeuse. Présentez mes hommages à votre famille et au digne abbé Mathieu. Embrasez Ernest et vos enfants de la part du pèlerin, et daignez compter sur mon sincère et invariable attachement.

G.-F. DE GRANDMAISON-Y-BRUNO.

www.ingramcontent.com/pod-product-compliance
Lightning Source LLC
Chambersburg PA
CBHW060913050426
42453CB00010B/1700